RABAT-IOYE DES IANSENISTES, OV

Obseruations necessaires sur ce qu'on dit estre arriué au Port-Royal, au sujet de la sainte Espine.

Par vn Docteur de l'Eglise Catholique.

L'IMPRIMEVR AV LECTEVR.

LA ioye, quand elle est excessiue, peut quelquefois prejudicier à la santé du corps, mais quand elle est causée par quelque vicieux motif, elle nuit tousiours beaucoup au bien spirituel de l'ame : & lors qu'vn pecheur au lieu de regretter son peché s'en resiouyst, & veut tirer de la gloire de ce qui deuroit luy donner de la confusion ; c'est vn signe qu'il est dans l'extremité du mal, & qu'il a vn tres-grand besoin qu'on luy ayde à s'en retirer. C'est la raison pour laquelle voyans Messieurs les Jansenistes dans vne extraordinaire ioye, non pas de la gloire qui reuiendroit à Dieu des miracles qu'il luy plairoit operer, mais de ce qu'ils se persuadent faussement, & taschent de persuader aux autres, que les miracles qu'ils disent auoir esté faits au Port-Royal par la saincte Espine, sont des marques par lesquelles Dieu approuue le Jansenisme, quoy que condamné par l'Eglise : & qu'ainsi au lieu de se retracter de leurs erreurs, & se repentir de leur rebellion contre l'Eglise, ils s'y confirment auec plus d'obstination, & taschent d'y engager les autres : I'ay pensé leur rendre vn bon office que de leur presenter vn remede contre cette pernicieuse ioye, en imprimant cét escrit qui m'est tombé entre les mains, au déceu & en l'absence de son Autheur, lequel l'auoit fait pour la satisfaction particuliere de quelques-vns de ses amis : Et i'ay crû que la charité m'obligeoit de le rendre public, afin que Messieurs les Iansenistes y puissent rencontrer vn Rabat-ioye, & vn correctif de leurs mauuaises dispositions ; ou pour le moins que les autres y trouuent vn preseruatif contre leurs fausses persuasions, & contre tous les artifices de l'esprit de mensonge.

OBSERVATIONS NECESSAIRES sur ce qui s'est passé au Port-Royal, au sujet de la Sainte Espine.

C'EST vne verité recogneüe de toute l'Eglise, que les Reliques des Saints, & à plus forte raison celles du Saint des Saints, c'est à dire qui ont touché l'Humanité sacrée du Fils de Dieu, soit en sa Passion, ou durant le cours de sa vie, sont dignes d'vne veneration toute particuliere. Les honneurs rendus des les premieres Siecles du Chrestianisme aux sepulchres des Martirs ; Les pelerinages faits aux lieux sanctifiés par les misteres de nostre redemption, le culte Religieux de tous les peuples, & mesme des plus grands Princes & Monarques enuers la Croix, les Clous, les Espines, & autres instrumens de la Passion de Iesus-Christ, sont des preuues euidentes de cette verité : Mais sur tout, les miracles que Dieu a operés de temps en temps par les saintes Reliques, dont il y a vne infinité d'exemples rapportés dans les escrits des saints Peres, sont des marques asseurées que cet honneur & ce culte est vn exercice de Religion tres-agreable aux yeux de sa diuine Maiesté.

Neantmoins comme (suiuant la parolle de Nostre Seigneur) l'homme ennemy tache de semer l'yuroye parmy le bon grain, & de corrompre les actions les plus saintes par le meslange de quelque superstition où autre vice : Aussi est-il quelque-fois arriué par l'instigation de cét esprit de mensonge, que plusieurs abus se sont glissés sur le fait des Reliques & des Miracles. Au sujet de quoy l'Eglise conduite par l'esprit de Dieu a iugé necessaire d'apporter diuerses precautions pour empescher ces abus, & pour conseruer la veritable Religion en sa premiere pureté : Et pour cét effet, en diuers Sinodes, & particulierement au dernier Concile general, aprés auoir estroittement deffendu toute sorte d'actions

Conc. Tri-dent. sess. 25. in decret. de inuocat. & Reliquiis Sanctorum.

superstitieuses, tout gain sordide, & tous ces autres desordres qui pouroient se rencontrer en l'exposition & veneration des Reliques, & en la publication des Miracles ; elle a tres-sagement ordonné, *qu'on ne receuroit ny exposeroit dans les Eglises aucunes nouuelles Reliques, & qu'on ne publiroit ny recognoistroit aucuns nouueaux miracles, que le tout ne fust auparauant examiné & approuué par l'Euesque : lequel apres auoir pris conseil des Theologiens, & autres sçauans & vertueux personnages, feroit ce qu'il iugeroit estre le plus conuenable à la verité & à la pieté.*

Nous auons sur ce suiet vn exemple memorable, pour faire voir la prudente conduite de Nosseigneurs les Euesques, quand il est question de publier des nouueaux Miracles, rapporté par vn autheur Moderne, a l'occasion d'vn accident arriué l'an 1617. la veille de la feste du tres-saint Sacrement en la Ville de Padoüe, ou le Feu s'estant inopinement mis au magazin des Poudres, il fist sauter vne grosse Tour ou elles estoient gardées ; & le debris de cette Tour estant tombé sur vn quartier de la Ville, il rompist & abbatist plusieurs maison, sous les ruines desquelles diuerses personnes furent enseuelies, & entre les autres vn petit Enfans aagé de trois ans ; lequel ayant esté auec grande peine tiré de dessous ces ruines, où il auoit demeuré plus de deux heures, il fust trouué tout froissé & meurtry en son corps, & particulierement à la teste, sans pouls, sans mouuement, sans respiration ; de telle sorte que tous ceux qui le virent, le iugerent mort. Le pere de cet Enfant qui auoit vne deuotion particulliere à saint Anthoine de Pade, honnoré particulierement en ce lieu là, ne voyant aucun moyen ny remede humain dans vn tel accident, s'aduisa de porter l'Enfans à la Chappelle de ce Saint : auquel lieu comme il fesoit ses prieres, voylà que cet Enfant ouure les yeux, commenca de remuer les bras, & enfin se leue sur ses pieds, & se trouue tout d'vn coup remis en vie & en santé. Ce que les assistans ayans apperceu auec estonnement, commancerent de s'escrier, miracle, miracle : & entre les autres vn ieune homme Grec de nation, lequel (comme il confessa du depuis) n'auoit point de foy pour les Miracles, & s'estoit mocqué de la simplicité du pere qui apportoit son Enfant mort pour le faire ressusciter : Neantmoins voyant

Georg. Ragusetus venetus, in appendice ad lib. de Diuinat.

vne telle merueille, il commanca de loüer hautement la bonté de Dieu, & la vertu de ce bien-heureux Saint. A grande peine ce pere estoit sorty de l'Eglise remportant son enfant saint & sauf, que voicy la femme d'vn Orpheure, qui apporte vne petite fille aagée aussi d'enuiront trois ans, & au mesme estat que l'autre enfant, c'est à dire toute froissée & meurtrie, sans aucun signe de vie, & que l'on tenoit pour morte, auec d'autant plus de certitude, qu'elle auoit demeuré plus de trois heures sous vn tas de pierres, de bois & autres ruines, n'ayant pû en estre degagée plustost, quelque diligence qu'on y eust apporté. Cette mere affligée ayant mis cette petite fille aux pieds de l'Autel du Saint, & fesant ses prieres accompagnée de beaucoup de larmes, elle receut la mesme grace que l'autre, & remporta cette fille pleine de vie & de santé.

Le bruit de ces deux guerisons si admirables s'estant respandu par toute la Ville, le Seigneur Euesque du lieu en fist faire vne diligente perquisition par ses Officiers, & luy méme ayant fait venir en sa presence tous ceux qui en pouuoient sçauoir quelque chose, il les interrogea & examina le plus exactement qu'il peust, sur toutes les circomstances de cette affaire; apres quoy, au parauant que de rien resoudre, il fist faire quatre consultations, l'vne de Medecins, l'autre de Philosophes, la troisiesme de Iurisconsultes, & la quatriesme de Theologiens; & ayant oüy & meurement consideré leurs aduis, quoy qu'il y eust des raisons tres-fortes & tres-conueinquantes, pour prouuer que ces deux guerisons estoient vrayement miraculuses; neantmoins comme il y auoit quelques difficultés sur ce sujet, pour ne rien precipiter en vn fait de cette importance, & ne rien decider qui donna lieu aux calomnies & blasphemes des ennemis de l'Eglise; Il ordonna que la chose seroit exposée sincerement & veritablement en la maniere quelle estoit aduenüe, sans pourtant estre qualifiée du nom de miracle.

Voyla vn exemple digne de remarque, pour faire voir de quelle façon l'Eglise se comporte dans la publication des miracles, & pour seruir d'aduertissement aux personnes particulieres, afin qu'elles agissent auec grande retenüe en semblables rencontres, & que par vne deuotion & ferueur inconsiderée elles ne troublent point l'ordre estably par les Saint Canons.

Or comme ce point de Religion, qui concerne les Reliques & les Miracles est tres-important à cause de ses suites, le Grand Archeuesque de Milan S. Charles, voulant couper la racine à toute sorte d'abus, & faire obseruer exactement l'ordre estably par le Concile de Trente, fist sur ce sujet plusieurs beaux Reglemens. Et premierement il ordonna qu'auparauant que d'exposer aucune Relique en public, on feroit vne exacte perquisition de la verité de cette Relique : qu'on examineroit diligemment les Registres, Tiltres & autres preuues qui pouroient seruir à cette verification : & que iamais on ne feroit aucune exposition de Relique, qu'on n'eust par escrit l'approbation & la permission de l'Euesque. Il adjousta en suite, que les Reliques approuuées, qui se trouueroient dans les Eglises des Religieuses, seroient enfermées en quelque lieu decent, lequel pour vne plus grande seureté fermeroit sous trois Clefs differentes, l'vne desquelles seroit gardée par l'Euesque, l'autre par le Confesseur du Monastere, & la troisiesme par la Superieure. Que ces Reliques ne seroient pas exposées en public en tout temps indifferemment, mais seulement aux festes solemnelles de la Naissance, Epiphanie, Resurrection & Ascension de Nostre-Seigneur, & au iour de la Pentecoste. Et enfin il deffendit tres-estroitement que l'on tirât ces Reliques des Eglises où elles reposeroient, pour les porter & faire toucher aux malades dans leurs maisons. Et pour ce qui est des Miracles il declara que les Superieurs Ecclesiastiques estoient obligés de s'opposer fortemẽt aux abus, qui pouroient arriuer par le concours des peuples, sur le sujet de la diulgation des nouueaux Miracles ; Lesquels ils ne deuoient souffrir estre publiées, iusques à ce que la verité du fait eust esté suffisamment recogneüe & prouuée, par les voyes legitimes & Canoniques.

In Concil. Medielan. 4. titul. de sacris Reliquiis & Miraculis. & tit. de monialib.

De tout ce qui a esté rapporté cy-dessus, il est aysé de recueillir quel iugement on peut faire, de ce qui se dit estre arriué au Port-Royal, où le commun bruit est, qu'vne ieune fille pensionnaire demeurante auec les Religieuses dans le Monastere, ayant touché vne Relique d'vne des Espines de la Couronne de Nostre-Seigneur, empruntée d'vne personne

Eccle-

Ecclesiastique, auoit esté miraculeusement guerye d'vne fistule l'achrimale: En suite de quoy cette Relique ayant esté exposée dans l'Eglise de ce Monastere, il y auroit eu grand concours de peuple, principalement les iours de Vendredy de chaque semaine, qu'on la fesoit voir & toucher; & mesme qu'on l'auoit portée en diuerses maisons, pour la faire toucher à quelques personnes de condition qui estoient malades: on adiouste encore quelques autres Miracles, qu'on dit auoir esté faits depuis le primier. De toutes lesquelles choses les personnes affectionnées où interessées pour Messieurs du Port-Royal communement appellés Ianssenistes, veulent inferer, que les Miracles faits dans vn lieu, dont les principaux & plus considerables d'entre eux ont la direction, & où ils font leurs ordinaires conferences & assemblées, & qui leur sert comme d'vn rendés-vous dans toutes leurs affaires; que ces Miracles, dis-je, sont vn tesmoignage & vn signe euident, que Dieu approuue leur doctrine & leur conduitte, nonobstant tout ce qui est porté au contraire par les decrets de nos saints Peres les Papes, & par les declaratiōs de Nosseigneurs les Euesques.

C'est le sommaire de ce qui se dit du Port-Royal, & de ce qu'on en veut inferer: Sur quoy il faut premierement obseruer, que ce n'est pas vn procedé conforme aux saints Canons, d'exposer publiquement dans vne Eglise, vne Relique emprunté d'vn particulier, laquelle n'a esté ny reconnuë ny approuuée par les Superieurs Ecclesiastiques; & non seulement l'exposer indifferemment sans aucune permission, mais mesme la porter aux maisons particulieres pour la faire toucher aux malades: ce qui neantmoins a tres-mal reüssi iusques à present, à ceux qui se sont ingerez de la porter, comme il est assez notoire, soit à cause de leur presomption, ou à cause de leur desobeyssance aux ordres de l'Eglise.

D'ailleurs c'est contreuenir aux ordonnances de l'Eglise, que de publier & vouloir faire croire des miracles, qui n'ont point encore esté reconnus ny approuuez des Superieurs, & ceux qui se laissent si aysément persuader sur ce sujet aux rapports des particuliers, deuroient faire reflexion sur cét auertissement du Sage, lequel dit que *celuy qui croit facilement, fait voir la legereté de son cœur*. Eccli. 19.

Mais supposons que les miracles qu'on rapporte soient veritables, que la Relique soit reconnuë des Superieurs pour vne Relique asseurée, & que tout ce qui s'est fait en l'exposition de la Relique, & en la publication des Miracles, soit entierement selon les Loix de l'Eglise ; La consequence qu'on en veut tirer pour la iustification de la doctrine & de la conduitte des Ianssenistes, c'est à dire de ceux qui s'obstinent à soustenir les erreurs de Ianssenius, est tres-fausse; & c'est contre toute raison, que leurs amis où leurs partisans disent, que le Ciel s'estant declaré pour eux, & ayant fait des Miracles pour manifester leur innocence & leur vertu, on les doibt estimer & respecter, les escouter, les croire, se confier en eux, se mettre sous leur direction & conduitte, & enfin les considerer comme personnes approuuées de Dieu.

Et premierement c'est non seulement fausseté, mais aussi vn blaspheme, de dire que Dieu fasse des miracles pour authoriser des erreurs condamnées par son Eglise, & pour iustifier ceux qui les soustiennent auec obstination contre l'authorité de la mesme Eglise. Car Dieu estant la premiere & souueraine verité, ne peut pas estre contraire à luy-mesme ;
2. ad Timoth. 2. & comme dit l'Apostre S. Paul, *quoy que nous manquions de foy, Dieu demeure tousiours fidele, il ne peut pas se nier soy mesme*: De sorte que quand il nous a declaré par l'organe de son Eglise, ce que nous deuons croire comme verité, ou reietter comme erreur, *quandbien vn Ange descendroit du Ciel*, comme
Galat. 1. parle le mesme Apostre, *pour nous persuader le contraire ; il faudroit prononcer anatheme contre cét Ange, & contre tout ce qu'il diroit*. Or c'est l'Eglise qui parle, quand celuy-là que Iesus-Christ a estably pour son vicaire, & pour Chef de cette Eglise, parle; & quand les Princes & Pasteurs de cette mesme Eglise font entendre la voix de ce Chef aux Fideles qui sont sous leur direction. Et partant dire que Dieu fait des miracles au Port-Royal, pour authoriser la doctrine condamnée de Iansenius, & pour iustifier ceux qui la soustiennent, c'est autant comme si l'on disoit, que Dieu n'est plus le Dieu de verité, & qu'il est deuenu le pere & l'autheur du mensonge; ce qui ne se peut dire ny penser, sans vn horrible blaspheme.

Et pour mieux entendre cecy, il faut obseruer que lors que par la vertu d'vne relique bien approuuée, il se fait des miracles en quelque lieu, ou entre les mains de quelques personnes, il ne s'ensuit pas que ces miracles soit vne preuue de la saine doctrine, ou de la vertu des personnes qui demeurét en ce lieu, où entre les mains desquelles se font les miracles: Car on trouue dans l'histoire Ecclesiastique plusieurs miracles, que Dieu a voulu estre faits par des sainctes reliques chez les infidelles, & par les mains des infidelles, & mesme en faueur des infidelles: lesquels, nonobstant ces miracles, n'ont pas laissé d'estre tenus par l'Eglise pour infidelles, & d'estre rejettez & condamnez de Dieu comme infidelles.

L'Eminentissime Cardinal Baronius au sixiesme tome de ses Annales Ecclesiastiques, rapporte qu'vne femme vefue, Iuifue de nation & de religion, auoit en sa maison vne des robbes de la tres-saincte Mere de Dieu, qu'elle tenoit auec quelque sorte de respect, l'ayant mise dans vn petit coffret en vn lieu separé; & que nonobstant sa fausse religion & son incredulité, Dieu ne laissoit pas de faire plusieurs grands miracles dans sa maison par le moyen de cette precieuse relique: de sorte qu'il y auoit tous les iours en ce lieu vn grand concours non seulement de Chrestiens, mais aussi de Sarazins & autres infideles, qui estoient miraculeusement gueris de plusieurs maladies: Ce qui n'épescha pas que cette miserable Iuifue ne demeurât tousiours dans son infidelité. Et enfin cette relique apres auoir fait grand nombre de miracles durant plusieurs années en cette maison, elle en fut ostée par deux Seigneurs Catholiques nommés Galbius & Candidus, qui en firent present à l'Empereur Leon premier de ce nom: lequel ayant receu auec ioye ce sacré dépost, fit bastir vne magnifique Eglise aux fauxbourgs de Constantinople en l'honneur de la tres-saincte Mere de Dieu, où il déposa ce precieux ioyau qui continua d'y éclatter en miracles. *Ad ann. 474.*

Le mesme Baronius au dixiéme tome des susdites Annales, fait mention d'vn Prince Sarazin Seigneur de la ville de Damas en Syrie, lequel ayant perdu la veuë par vne violente fluxion qui luy estoit tombée sur les yeux, & ayant inutilement employé toute sorte de remedes, il se fit porter en vn Chappelle, qui auoit esté bastie par quelques Chrestiens en l'honneur de la Mere de Dieu, dans les montagnes voisines de cette ville, où se faisoient plusieurs miracles: & là s'estant prosterné la face contre terre, il demeura assez long-temps en cette humble posture, priant celle qui estoit honorée en ce lieu, de luy estre secourable en son incommodité. Apres quoy ceux qui l'accompagnoient furent bien étonnez lors qu'ils virent qu'en *Ad ann. 870.*

se releuant de terre il ouurit les yeux, la veuë luy ayant esté alors miraculeusement renduë aussi entiere & parfaite qu'il l'auoit euë auparauant son indisposition ; nonobstant quoy il persista tousiours dans son infidelité.

Si donc quelque Sarazin, adressant alors sa parole à vn Chrestien, luy eust dit, *Puisque vostre Dieu a fait vn miracle en faueur de nostre Prince, & luy a rendu la veuë miraculeusement, c'est vn tesmoignage par lequel il a voulu declarer que la Religion des Sarazins est bonne, & que ceux qui la suiuent, sont dignes d'estre estimez & honorez à cause de leur vertu*: Cette consequence eust-elle esté bien tirée? & le Chrestien en fust-il demeuré d'accord? Tout de mesme si au sujet des miracles qui se sont faits en la maison de cette femme Iuifue dont il a esté cy-dessus parlé, vn Iuif eust voulu faire le mesme argument, & inferer de là que Dieu auroit authorisé & approuué la fausse creance des Iuifs; y a-t'il aucun Chrestien qui luy eust voulu accorder cette consequence?

Mais laissant à part vn grand nombre d'autres exemples semblables, il suffira d'en rapporter encore vn qui est inseré dans les actes du second Concile de Nicée tenu contre les heretiques Iconoclastes ou briseurs d'Images, il y a plus de huit cens ans: où il est dit, qu'en la ville de Berith en Syrie, vn Chrestien estant sorti d'vne maison qu'il tenoit à loüage, y laissa sans y penser vne image de Nostre Seigneur Iesus-Christ: laquelle estant tombée entre les main d'vn Iuif qui estoit venu loger en la mesme maison, il assembla plusieurs autres Iuifs pour deliberer de ce qu'ils feroient de cette image: & qu'alors ces miserables, portez ou plutost transportez d'vne rage & fureur diabolique contre Nostre Seigneur Iesus-Christ, exercerent sur son image, toutes les impietez & indignitez dont ils pûrent s'auiser; & qu'enfin vn d'entr'eux ayant pris vn cousteau, en donna vn coup dans le corps de cette image, dont au mesme temps il sortit vne grande quantité de sang: Dequoi luy & ses complices furent bien épouuantez, & ne sçachans que faire, ils recueillirent ce sang miraculeux dans vn vaisseau, & prirent resolution d'esprouuer s'il auroit quelque vertu, & s'il feroit quelque miracle cōme les autres reliques qui estoiēt en veneration parmy les Chrestiens: Ils s'en allerent pour cét effet en leur Synagogue, où ils firent venir quelques malades; & entre les autres, vn qui estoit paralytique dés sa naissance, &

Action. 4

les

les ayans oingt de ce sang ils furent tous parfaitement gueris: Et comme le bruit de ces guerisons miraculeuses se fust respandu par la ville, plusieurs autres malades tant Iuifs que Sarazins, & mesme quelques Chrestiens, se firent porter en ce lieu, où ayans esté oings du mesme sang, ils receurent tous vne entiere guerison. Alors les Iuifs estonnez de ces prodiges, qui se faisoient deuant leurs yeux, & mesme par leurs mains; & reconnoissant la puissance de celuy qui en estoit l'autheur, ils donnerent gloire à Dieu; & regrettans l'impieté qu'ils auoient commise, ils demanderent le sainct Baptesme, & embrasserent la foy de Iesus-Christ auec vne tres-grande ioye & consolation de tous les Catholiques.

Cette histoire rapportée dans l'assemblée du Concile, merita non seulement l'approbation, mais aussi les larmes de la pluspart des Prelats, qui furent sensiblement touchez d'vn effet si admirable de la misericorde infinie de Dieu enuers ces pauures aueuglez: Et Tarasius Patriarche de Constantinople, se leuant, & prenant la parole: *Pourquoy donc*, dit-il, *les Images de Iesus-Christ ne font-elles pas maintenant de semblables miracles?* A quoy respondant luy-mesme, *C'est*, adiousta-t'il, *que les miracles & les signes, comme a dit le sainct Apostre, sont pour les infideles, & non pas pour les fideles: Car ce miracle qui vient d'estre rapporté, a esté fait par la Toute-puissante bonté de Dieu, pour attirer les Iuifs à la vraye foy.*

Il est donc euident par tout ce qui a esté cy-dessus dit, que l'on ne peut tirer aucune consequence des miracles arriuez au Port-Royal pour la preuue des erreurs de Iansenius, ny pour la iustification de ceux qui en soustiennent la doctrine: & que tout au contraire, puisque, selon la maxime de sainct Paul rapportée par ce Patriarche, les signes & les miracles sont ordinairement employez pour la conuersion de ceux qui n'ont pas la vraye foy, il y a vn iuste sujet de croire, que dans la conioncture des mauuaises dispositions où se trouuent à present ces Messieurs, Dieu qui est le Pere des Misericordes, & qui ne desire point la mort du pecheur, mais qu'il se conuertisse & qu'il viue, a voulu faire comme vn dernier effort pour toucher plus viuement leurs cœurs; afin que voyans esclatter deuant leurs yeux la vertu de la Passion de Iesus-Christ, & considerans que cette sainte Espine, qui fait entre leurs mains des miracles, a esté teinte de ce precieux sang qui a esté respandu pour le salut de tout le monde, ils rendent à ce Souuerain Seigneur la gloire qu'ils luy ont voulu rauir, en taschant d'effacer la plus aimable de toutes ses qualitez, qui est celle de Redempteur & Sauueur de tout le monde.

Et certes il faut auoüer que ce n'est pas sans vne particuliere Prouidence, que Dieu a voulu choisir vn des instrumens de la Passion de Iesus-Christ, pour seruir de remede & d'antidote contre vne nouuelle heresie, qui est directement opposée à la vertu & au merite de la Passion du mesme Iesus-Christ, puisque les sectateurs de Iansenius déniét que ce diuin Sauueur ait offert son sang & sa mort pour le salut de tous les hommes, ou qu'il ait eu aucune volonté de sauuer tous les hommes: & mesme ils osét soustenir auec vne estrange impieté, que Iesus-Christ n'a non plus prié pour le salut des pecheurs qui se perdent par leur impenitence, que pour le salut des demons: quoy que l'Apostre saint Paul nous declare expressément tout le cõtraire; nous asseurant

1. ad Tim. 2. *qu'il y a vn Iesus Mediateur de Dieu & des hommes, qui s'est donné lui-mesme en redemption pour tous les hommes; & que ce diuin Redempteur veut que tous les hommes soient sauuez, & viennent à la connoissance de la verité.* Et que le bien-aymé Disciple S. Iean

1. Ioan. 2. nous enseigne, *que si quelqu'vn de nous venoit à pecher, nous auons vn Aduocat auprés du Pere Celeste, & cét Aduocat est Iesus-Christ le Iuste, lequel est la propitiation pour nos pechez; & non seulement pour nos pechez, mais aussi pour les pechez de tout le monde.*

Puis donc que les tesmoignages de ces saints Apostres n'ont pas esté assez forts pour conuaincre l'incredulité des Iansenistes: puisque les decrets du Souuerain Vicaire de Iesus-Christ, & les declarations de Nosseigneurs les Euesques successeurs des Apostres, n'ont pû fléchir leur obstination; voicy que Dieu fait entendre la voix du sang de son Fils, dont cette sainte Espine a esté empourprée, pour essayer d'amollir la dureté le leurs cœurs. Il veut que cette sainte relique, qui est vne des liurées de Iesus-Christ humilié & obeyssant iusques à la mort, leur presche l'humilité & l'obeyssance, qui sont deux vertus inconnuës iusques à present entre les Iansenistes. Il veut que cette Espine qui a transpercé le sacré Chef de Iesus-Christ, leur declare que pour estre vrayement du nombre de ses Fidelles, ils doiuent mortifier leur propre iugement, & captiuer leur entendement en l'obeïssance de celuy qui dans l'Eglise tient la place de Iesus-Christ. Enfin il veut par cette sainte Espine, qui a esté vn des instrumens qui ont causé la mort, que Iesus-Christ a soufferte auec tãt d'amour pour le salut de tous les hõmes, les presser de rendre les armes de leur obstinatiõ, & de dõner gloire à ce diuin Sauueur, en recõnoissant & cõfessant de bouche & de cœur, l'excessiue charité qu'il a fait paroistre, en souffrant & mourant pour sauuer tous les hommes.

Que s'ils ferment leurs oreilles & leurs cœurs pour ne pas entendre la voix de ce sang; & si par leur propre peruersité ils rejettent cette grace que Dieu leur offre, il y a sujet de croire qu'elle ne demeurera pas sans effet à l'égard des autres, & que les merueilles qui se font par vn instrumẽt de la Passion de Iesus-Christ, entre les mains de ceux qui en dénient le merite & la vertu, toucherõt les cœurs des autres heretiques de ce tẽps, pour leur faire cõnoistre & cõfesser que l'Eglise Catholique, qui enseigne la veneratiõ des saintes Reliques, est la vraye Eglise, puisque Dieu authorise par miracles l'hõneur & le culte qui est rendu aux S^tes Reliques entre les mains de ceux-là méme, lesquels symbolisãs auec eux en plusieurs de leurs erreurs, ne doiuẽt pas leur estre suspects.

Mais quoi qu'il en soit des heretiques, il faut esperer que les Catholiques voyans cõme ressusciter en ce siecle corrompu, les miracles de la Passion de Iesus-Christ, feront reuiure en leurs ames la vraye deuotion & pieté enuers cét adorable mystere, & conceuront de nouueaux sentimens de reconnoissance & d'amour enuers ce diuin Redempteur & de nouueaux desirs d'honorer le souuenir de sa mort, en luy offrant & dediant leur vie; & prenant vne ferme resolution de ne viure plus pour eux-mesme, mais vniquement pour celuy qui a voulu mourir pour leur salut.

Pour ce qui est des personnes qui auroient deuotion de faire des pelerinages & des neufuaines en l'Eglise du Port-Royal pour honorer la sainte Espine; en attendant que les Superieurs y pouruoyent par leur prudence & par leur zele, elles doiuent prendre garde à deux choses. L'vne, de ne se laisser aller à aucun relaschement de cette fermeté, qui les doit tenir indissolublemẽt vnies au Souuerain Chef de l'Eglise, & sincerement sousmises à tous ses decrets en ce qui concerne la foy. L'autre, de ne donner par cette sorte de deuotion, aucun sujet de scandale à leur prochain; lequel estant peut-estre infirme en la foy, comme parle S. Paul, pourroit tirer de leur exemple quelque occasion de ruine.

Si donc ces personnes recõnoissent qu'allant au Port Royal, elles soient exterieuremẽt ou interieuremẽt sollicitées de conceuoir quelque bõne opinion de la doctrine ou de la conduite des

Iásenistes si elles sont tentées de leur parler, de les écouter, de se lier d'amitié auec eux, de se mettre sous leur directiō; enfin si elles ressentent que leur foy s'affoiblisse, elles sont obligées en conscience de s'abstenir de ces pelerinages, de ces neufuaines, & autres sēblables pratiques, cōme d'vne occasion prochaine d'offenser Dieu en s'exposant au danger de luy estre infidelle : elles doiuent regarder le Port-Royal, comme vn escueil, dont le rencōtre leur pourroit causer quelque funeste naufrage en leur foy.

Tout de mesme si ces persōnes s'aperceuoient en allāt au Port-Royal, quoy qu'auec vne ferme resolutiō de n'auoir aucun commerce ny aucune cōmunication auec les Iansenistes, que neantmoins cela fist naistre la curiosité & la volonté à d'autres d'y aller à leur exemple, & de s'exposer au danger d'y receuoir quelque dommage en leur foy : Si ces pelerinages, neufuaines, visites & autres semblables pratiques, donnoient sujet de croire qu'elles eussent quelque liaison & vnion auec les Iansenistes, il faudroit quitter tous ces pelerinages, neufuaines, & autres deuotions du Port-Royal; lesquelles estant preiudiciables au bien spirituel du prochain, ne pourroient pas estre agreables à celuy qui nous a si estroittement commandé, & si instāment recōmandé de ne rien faire contre la charité du prochain. Et l'on pourroit adresser à
1.Cor.8. telles personnes, ces parolles du S. Apostre : *Ne soyez pas cause par vostre deuotion mal ordonnée, de faire perir vostre frere, pour lequel Iesus est mort.* Il vaut bien mieux ne mettre iamais le pied dans vne Eglise où vous n'auez aucune obligation d'aller, qu'en y faisant des pelerinages & des visites par vostre propre volonté vous mettre au hazard de nuire à vostre prochain, ou de vous nuire à vous-mesme. Adorez en esprit Iesus couronné d'épines & mourant sur vne croix pour vostre salut, & pour celuy de tout le monde : Visitez de pensée & d'affection le sacré Mont de Caluaire : appliquez-vous par vne viue foy à la consideration de ce que vostre diuin Redempteur a souffert en ce saint lieu: excitez vous à de grands sentimens de reconnoissance & d'amour enuers son infinie charité ; & cela suppleera tres-abondamment à vos pelerinages du Port-Royal, & vous disposera bien plus parfaitement à receuoir les effets salutaires de la diuine misericorde ; que si pour vous satisfaire vous-mesme, vous entrepreniez des voyages de deuotion aux extremitez du monde, contre les ordres de sa tres saincte volonté.

www.ingramcontent.com/pod-product-compliance
Lightning Source LLC
LaVergne TN
LVHW010342230826
846091LV00009B/3995